26

이집트의 여왕이 된 이오

주니어RHK

신화의 가치

신화는 한 민족의 기원이나 역사적 · 종교적 · 문화적 삶의 모습을 보여 주는 옛이야기입니다. 주로 신과 영웅에 관한 이야기가 많고, 오랫동안 입에서 입으로 전해 내려왔다는 특징이 있지요.

우리가 살펴볼 그리스 로마 신화는 고대 그리스와 로마에 전해 오는 신화와 전설을 한데 묶은 것입니다. 그리스 로마 신화는 고대의 삶을 엿보게 해 주는 문화유산일 뿐만 아니라, 세계 여러 나라의 문학과 미술에 큰 영향을 끼쳤습니다. 하지만 문화적 가치만큼이나 중요한 것이 또 있습니다. 오래된 옛이야기이면서도 거기에 담긴 교훈적 가치가 오늘날에도 여전히 쓸모 있고 중요하다는 사실입니다.

놀랍지 않나요? 수천 년 전의 이야기가 어떻게 과학 문명이 고도로 발달한 오늘날에도 통하는 것일까요? 그것은 바로 그리스 로마 신화에 나오는 신과 영웅의 모습이 오늘날 우리의 모습과 다르지 않기 때문입니다. 신들도 우리처럼 분노하고, 질투하고, 실수를 하지요. 그런 모습을 보면서 우리는 깔깔 웃거나 눈물을 흘리고, 교훈과 감동을 얻습니다. 우리가 그리스 로마 신화를 읽어야 하는 까닭이 바로 이것입니다.

신화의 세계로 떠날 여러분에게 한마디 덧붙이자면, 신화는 우리에게 끝없는 상상력을 요구한다는 점입니다. 신화 속에는 수많은 은유와 상징이 곳곳에 널려 있지요. 따라서 신화를 읽을 때에는 상상력을 최대한 발휘하여 신화 속에 숨겨진 의미를 찾고, 그것을 자기 나름대로 재해석하는 과정이 필요합니다. 이렇게 읽었을 때에야 비로소 여러분 앞에 놀라운 삶의 이야기가 펼쳐질 것입니다.

자, 그럼 흥미진진한 신화의 세계 속으로 함께 떠나 볼까요?

아름다운 여인 이오는 헤라의 미움을 받아 암소가 돼요.

게다가 무서운 괴물 아르고스가 늘 이오를 감시하지요.

슬기로운 여인 이오는 모든 어려움을 견뎌 내고 결국 이집트의 여왕까지 된답니다.

자신의 처지를 마냥 슬퍼하기보다는 희망을 놓지 않고

스스로 삶을 꿋꿋하게 일궈 나간 아름다운 이오의 이야기에 귀 기울여 보세요.

주요 등장인물

♣ 제우스 ♣

올림포스 신들의 왕이에요.
자신 때문에 암소로 변한 이오를
헤라의 눈길을 피해 도와주려고 해요.

♣ 헤르메스 ♣

제우스의 아들이에요.
제우스의 부탁을 받고
지혜를 발휘해 아르고스를
무찌르고 이오를 구해 내요.

♣ 헤라 ♣

신들의 여왕이며 제우스의 아내예요. 가족과 결혼의
신으로 제우스의 바람기를 못마땅하게 여겨요.
제우스의 사랑을 받는 이오를 끊임없이 괴롭혀요.

♣ 이오 ♣

헤라의 질투 때문에 암소로 변하게 돼요.
갖은 고생 끝에 제 모습을 되찾고
이집트의 여왕이 된답니다.

♣ 아르고스 ♣

헤라의 명령으로 암소로 변한 이오를 감시하는
괴물이에요. 온몸에 눈이 백 개나 달려 있어서
잘 때도 한두 개는 뜨고 있어요.

1
아르고스의 죽음

"오, 피리 소리를 들으니 자꾸 졸음이 와."

아르고스는 하품을 하며 이렇게 중얼거렸습니다.

헤라가 무서워 지켜만 보고 있던 제우스는 마음이 괴로웠습니다. 이오가 너무 고통스러워했기 때문이지요. 하지만 헤라는 *아랑곳하지 않고 이오를 더 꼼짝 못하게 만들었습니다. 제우스는 이를 보고만 있을 수가 없어서 헤르메스를 불렀습니다. 헤르메스는 제우스의 아들로 매우 영리하고 말솜씨가 뛰어나 올림포스 신들에게 일어난 크고 작은 일들을 도와주었습니다.

"헤르메스, 네가 땅으로 내려가 아르고스를 무찌르고 이오를 구해 주거라."

"예, 아버지. 걱정하지 마세요. 제가 꼭 구할게요."

*아랑곳하다 일에 나서서 참견하거나 관심을 두다.

헤르메스는 헤라 몰래 이오를 구하러 땅으로 내려갔습니다. 발에는 날개 달린 신을 신고, 머리에는 날개 달린 모자를 쓰고, 손에는 두 마리의 뱀과 날개가 달린 지팡이를 들고서 말입니다.

헤르메스는 땅으로 내려가 양들을 모았습니다. 그러고는 양들을 데리고 천천히 걸어서 아르고스가 있는 곳까지 갔습니다.

'이렇게 꾸미면 멍청한 아르고스가 나를 그저 양치기라고 생각하겠지?'

헤르메스는 피리를 불면서 양 떼를 몰고 이리저리 돌아다니는 척했습니다.

삘릴리 삘리리리리…….

아름다운 피리 소리가 들판에

울려 퍼졌습니다. 이 소리는 곧 아르고스의 귀에까지 가 닿았습니다.

'이 아름다운 소리는 뭐지?'

마침 아르고스는 무척 심심했습니다. 아무도 없는 들판에서 매일 암소 이오만 지키고 있으려니 따분하고 갑갑했습니다.

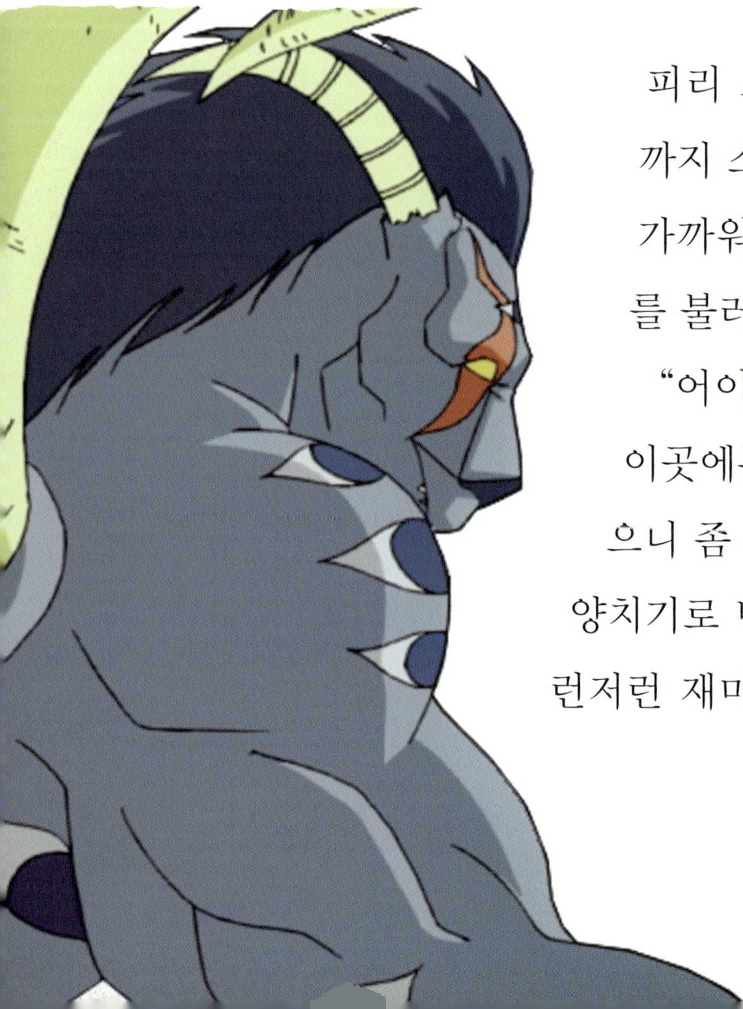

피리 소리는 아르고스 마음속 깊은 곳까지 스며들었습니다. 피리 소리가 점점 가까워지자 아르고스는 아예 헤르메스를 불러 세웠습니다.

“어이, 젊은이! 이리 와서 좀 앉게나. 이곳에는 양들이 뜯을 풀이 얼마든지 있으니 좀 쉬었다 가지 그래?”

양치기로 변한 헤르메스는 아르고스에게 이런저런 재미있는 이야기를 들려주며 가까이

다가갔습니다.

“그런데 아르고스 님! 왜 이 소는 혼자 여기 묶여 있는 거예요?”

“글쎄. 나도 모른다네. 헤라 님이 이 암소를 지키라고 하셔서 나는 그저 시키는 대로 할 뿐이네.”

헤르메스는 아르고스가 무척 멍청하다고 생각했습니다. 그런데 문제는 아르고스의 눈이었습니다.

‘백 개나 되는 눈을 어떻게 다 감게 하지?’

헤르메스는 저녁이 오기만을 기다렸습니다.

날이 저물기 시작하자 헤르메스는 느리고 조용한 곡만 연주했습니다. 편안한 피리 소리에 들판의 동물들이 모두 잠들었습니다.

‘이쯤이면 아르고스도 잠이 들었겠지?’

헤르메스는 가만히 연주를 멈추고 아르고스를 보았습니다. 세상 모든 것이 다 잠들 정도로 아름답고 고요한 연주였지만 아르고스의 눈을 다 감게 하지는 못했습니다. 아르고스의 눈 몇 개가 아직도 감기지 않고 이오를 바라보고 있었습니다.

‘이거 큰일이군. 어떻게 해야 저 눈들을 다 감길 수 있을까?’

헤르메스는 더 조용한 음악을 연주했습니다. 시간이 지나자 아르고스의 눈들이 하나 둘 감기기 시작했습니다.

“오, 피리 소리를 들으니 자꾸 졸음이 와.”

아르고스는 하품을 하며 이렇게 중얼거렸습니다.

아르고스를 재우는 헤르메스

〈헤르메스와 아르고스〉 야코프 판 캄펀

헤르메스는 시링크스(팬파이프)라는 피리처럼 생긴 악기를 연주해서 아르고스를 잠들게 해요. 헤르메스는 조심스럽게 아르고스를 살피고 있어요. 그 뒤로 암소 이오의 모습도 보이지요.

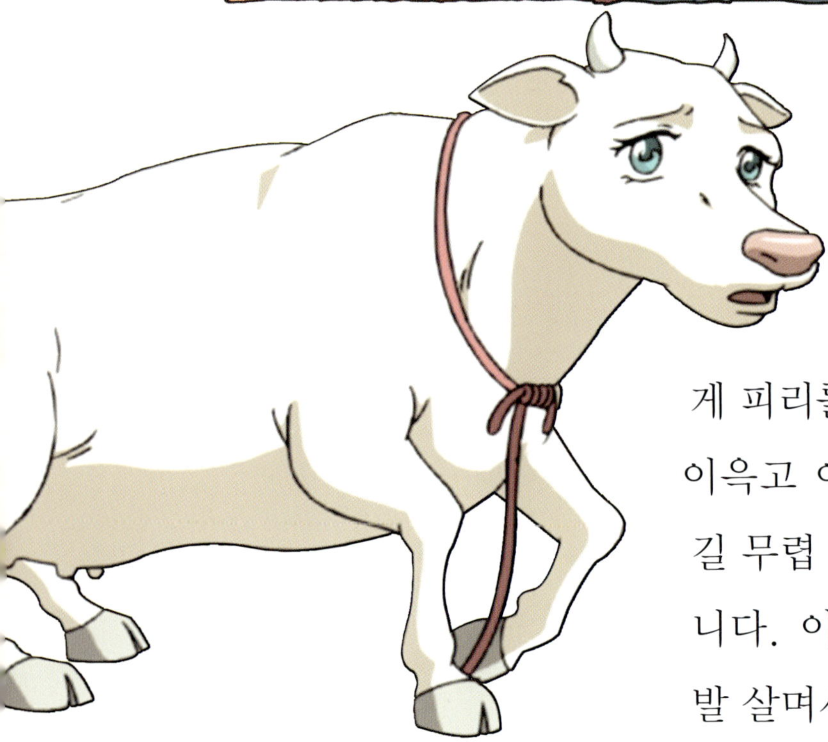

하지만 그러면서도 꼭 몇 개의 눈을 뜨고 있었습니다.

헤르메스는 더욱 부드럽게 피리를 불었습니다.

이윽고 아르고스의 눈이 거의 다 감길 무렵 조심스럽게 이오가 일어났습니다. 이오는 들키지 않게 한 발 한 발 살며시 내디뎠습니다.

그때 스르르르 아르고스의 눈동자가 움직였습니다.

쿵! 아르고스의 거대한 발이 이오의 앞길을 막아섰습니다.

"어딜 가려고! 이 못된 암소 같으니. 한 번만 더 수작 부리면 한입에 꿀꺽해 버릴 테다!"

아르고스는 소리를 버럭 지르며 이오를 위협했습니다.

이오는 그대로 주저앉은 채 바들바들 떨기만 했습니다.

'아, 나는 정말 풀려날 방법이 없는 걸까?'

그때 피리를 불던 헤르메스가 지팡이를 들었습니다.

"떠 있는 눈을 감고 편안히 잠들거라."

헤르메스는 지팡이로 아르고스를 가리키며 피리를 계속 불었습니다.

그러자 하나둘 눈들이 감기더니 마지막까지 떠 있던 몇 개의 눈도 스르륵 감겼습니다. 이윽고 아르고스는 깊은 잠에 빠졌습니다.

그때 헤르메스는 칼을 뽑아 아르고스를 무찌르고는 이오를 구했습니다.

2
이오의 시련

"쇠파리야, 저 암소 때문에 충성스런 아르고스가 죽었단다.

가서 저 암소를 혼내 주거라."

쇠파리는 곧장 이오에게 날아갔습니다.

아르고스가 죽었다는 소문이 곧 헤라의 귀에까지 들어갔습니다.

'감히 내가 아끼는 아르고스를 죽이다니! 분명 제우스가 시킨 일이야!'

헤라는 아르고스를 무척 아꼈습니다. 그래서 아르고스의 눈이라도 간직하고 싶었습니다. 그 무렵 헤라는 공작새 한 마리를 늘 가까이 두고 있었습니다.

"그래. 아르고스의 눈을 이 공작의 깃털에 붙여야겠어."

헤라는 아르고스의 눈을 하나씩 떼어 공작의 꽁지깃에 붙여 주었습니다. 공작새는 금세 화려한 모습으로 변했습니다.

헤라는 시간이 지날수록 화가 나 견딜 수가 없었습니다. 그깟 암소 한 마리 때문에 자기가 그토록 아끼던 아르고스까지 죽이다니 어이가 없었습니다. 그러면 그럴수록 이오가 더욱더 미워졌습니다.

공작새의 꽁지깃

〈헤라와 아르고스〉 페테르 파울 루벤스

루벤스가 그린 그림을 보세요. 헤라는 아르고스를 무척 아꼈어요. 그래서 죽은 아르고스를 기억하려고 아르고스 몸에서 눈을 떼어 공작새에게 붙이고 있어요. 공작새가 꽁지깃을 펼칠 때 보이는 아름다운 무늬는 바로 아르고스의 눈이랍니다.

헤라는 제우스를 찾아갔습니다.

"제우스 당신이 헤르메스를 시켜서 아르고스를 죽이고 그 암소를 달아나게 했나요?"

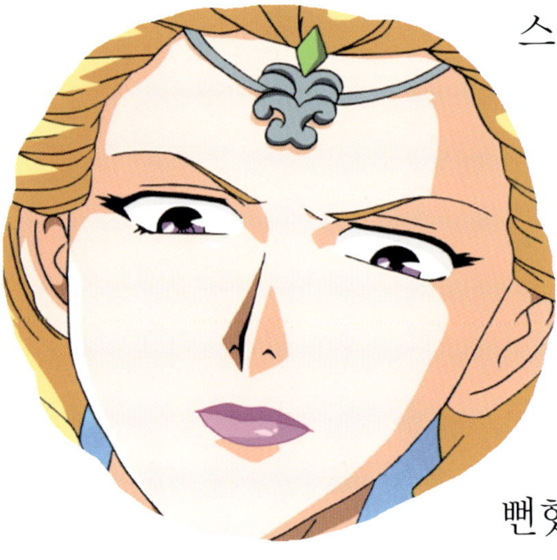

이오와 다시 만나기만을 기다리고 있던 제우스는 깜짝 놀랐지만 아무렇지 않은 척했습니다. 헤라가 사실을 알게 되면 이오를 더욱 괴롭힐 게 뻔했습니다.

“무슨 소리요? 당신이 잘 보살핀다고 해 놓고선 그 암소를 잃어버렸다고? 그리고 그깟 소 한 마리가 뭐가 그리 중요하다고 이 난리요?”

제우스는 큰소리를 쳤지만 속으로는 조마조마했습니다.

“흥! 그래요? 언제까지 나를 속일지 두고 보지요. 그 소는 앞으로 더 괴롭힘을 당하게 될 거예요.”

헤라는 이 말을 남기고 쌩하니 돌아갔습니다.

한편 이오는 가족들을 다시 만난 기쁨에 빠져 있었습니다.

"다시 자유로운 몸이 될 줄은 꿈에도 몰랐어요."

"이오 누나, 어서 제우스 님께 원래 모습을 돌려달라고 해요. 그리고 우리 함께 행복하게 살아요."

"그래, 그러자꾸나."

그런데 이오가 가족과 함께 집으로 돌아가려는 순간 쇠파리 한 마리가 나타났습니다.

바로 헤라가 이오에게 보낸 것이었습니다.

"쇠파리야, 저 암소 때문에 충성스런 아르고스가 죽었단다. 가

서 저 암소를 혼내 주거라."

쇠파리는 곧장 이오에게 날아갔습니다. 쇠파리는 동물들의 몸에 붙어 침을 쏘고 피를 빨아먹기 때문에 동물들에게 참기 힘든 고통을 주는 고약한 곤충이었습니다.

쇠파리는 이오 등에 착 달라붙어 이오를 아프게 했습니다.

이오는 깜짝 놀라 소리쳤습니다.

"아얏! 이게 뭐지? 아파."

이오는 헤라가 보낸 쇠파리인 줄은 꿈에도 모르고 그저 버둥거렸습니다.

아픔을 못 이긴 이오는 쇠파리를 피해 달리기 시작했습니다.

"누, 누나 어디 가?"

"얘야, 왜 그러느냐!"

가족들은 갑작스럽게 달리는 이오를 보고

당황했습니다.

"아버지, 저걸 보세요! 쇠파리가 누나를 괴롭히고 있어요!"

이오를 구하기 위해 뒤쫓던 가족들은 쇠파리를 발견하고 쫓으려 했습니다.

그러자 쇠파리는 돌아서서 가족들을 공격하기 시작했습니다. 그냥 쇠파리가 아닌 헤라의 명령을 받은 특별한 쇠파리는 가족들을 마구 쏘아 댔습니다.

가족들이 꼼짝 못 하는 사이 쇠파리는 쉬지 않고 이오를 괴롭혔습니다. 달리다 지쳐 잠깐 서면 쇠파리는 어김없이 나타나 이오의 몸을 쏘아 댔습니다. 쇠파리는 자지도 않고 이오를 괴롭혔습니다. 이오는 들판을 달리고 계곡을 구르며 도망갔습니다.

이윽고 이오는 바닷가에 다다랐습니다.

'그래. 바다에 들어가면 쇠파리가 쫓아오지

못할 거야.'

바로 그때, 파도에 커다란 조개가 나타났습니다. 조개는 암소의 몸집이 들어가고도 남을 만큼 컸습니다. 조개는 이오 앞에 입을 쩍 벌렸습니다.

"이오, 어서 그 조개에 타시오."

하늘에서 제우스가 이오를 불렀습니다.

'제우스 님이다. 나를 버리지 않으셨어.'

이오가 기쁜 마음으로 조개에 오르자, 조개는 바다를 가르며 나아갔습니다.

그 모습을 제우스는 흐뭇한 얼굴로 바라보고 있었습니다.

그때 헤라가 제우스를 가로막았습니다.

"그 소가 뭐기에 나를 속이는 건가요?"

"헤라, 저 암소가 너무 고통스러워하지 않소."

"어서 멈추지 못해요! 그러지 않으면 저 소를 영원히 잠들게 하겠어요."

헤라는 금방이라도 명령을 내릴 것처럼 손을 높이 치켜들었습니다.

제우스는 어쩔 수 없이 조개를 거두었습니다. 이오는 바다에 풍덩 빠지고 말았습니다. 사람이 아닌 암소의 네 다리로 헤엄치

려니 여간 어려운 것이 아니었습니다. 그래도 희망을 잃지 않고 계속 헤엄쳤습니다. 쇠파리도 다시 이오를 따라와 아프게 쏘아 댔습니다.

"아얏! 바다를 건널 때만은 날 좀 그냥 놔둬. 헤엄치기만도 너무 힘들단 말이야."

하지만 쇠파리가 이오의 부탁을 들어줄 리 없었습니다.

이오는 어떻게 해서든지 이 바다를 건너야겠다고 다짐했습니다. 커다란 파도가 몸을 덮치고 짠 바닷물이 눈에 들어와도 이오는 꿋꿋이 헤엄쳤습니다.

제우스는 이오가 힘들게 도망치는 모습을 묵묵하게 지켜보고 있었습니다. 당장 달려가 도와주고 싶었지만 꾹 참았습니다.

'이오, 조금만 더 힘을 내오.'

제우스의 힘을 얻어서였을까요? 이오는 갖은 고생 속에서도 뜻을 굽히지 않고 바다를 건넜습니다. 드디어 저 멀리 땅이 보였습니다.

3
이집트에 도착한 이오

제우스가 손을 들자 이오는 갑자기 몸이 뜨거워지는 것을 느꼈습니다.
그러더니 몸에 난 까칠까칠한 털이 사라지고 피부가 부드러워졌습니다.
딱딱한 뿔이 쑥 들어가고 긴 머리카락이 나기 시작했습니다.

마침내 이오는 바다를 건넜습니다. 정신을 바짝 차린 덕분이었습니다. 이오는 바닷가에 닿자마자 헐떡거리며 그대로 쓰러지고 말았습니다. 소가 바다를 건너온 것을 본 사람들은 신기하게 여겼습니다.

"흰 암소가 바다를 건너왔어!"

"분명 좋은 일이 있으라고 신께서 보내신 소일 거야."

사람들은 흰 암소를 신이 보낸 것이라 생각해서 이오를 떠받들었습니다. 그리고 이오가 건너온 바다를 이오의 이름을 따 '이오니아 해'라고 불렀습니다.

이오에게 새로운 희망의 빛이 보이기 시작했습니다.

이오니아 해

오늘날에도 사람들은 이오가 건너온 바다를 '이오니아 해'라고 불러요. 유럽의 이탈리아 반도와 그리스 사이에 있는 바다이지요. 지중해에 속하는 바다인데, 고대부터 중앙아시아와 그리스를 잇는 중요한 뱃길이었어요.
이오는 헤라를 피해 소의 몸으로 그리스에서 이집트로 바다를 건너간 거예요.

그러나 여기서 물러날 헤라가 아니었습니다. 이오도 갖은 고생을 하며 바다를 건넜지만, 쇠파리도 함께 바다를 건너왔던 것입니다. 쇠파리는 여전히 이오를 따라다니며 온몸을 쏘아 댔습니다. 이오는 온통 피투성이가 되었습니다. 이오는 참지 못 하고 주저앉아 울부짖었습니다.

"헤라 여신님! 제발 저를 용서해 주세요. 다시는 제우스 님을 만나지 않겠습니다."

하지만 헤라는 아무 대답이 없었습니다.

한참 울다 이오는 눈물을 닦았습니다.

'그래! 눈이 백 개 달린 아르고스도, 거대한 바다도 나를 꺾지 못했어. 쇠파리도 마찬가지야. 시작이 있다면 끝도 있겠지. 용기를 내자!'

이오는 어려움이 닥칠수록 더 강해졌습니다. 이오는 다시 한 번 마음을 굳게 먹었습니다.

어느 날부터 쇠파리가 자주 보이지 않았습니다. 쇠파리도 지쳤는지 이오를 잘 따라오지 못했습니다. 그러다가 어느 날 쇠파리가 땅바닥으로 툭 떨어졌습니다. 순간 이오는 생각했습니다.

'지금 쇠파리를 밟으면 나는 고통에서 벗어날 수 있을 거야.'

이오는 발을 들어 쇠파리를 밟으려고 했습니다. 하지만 몇 년 동안 자기를 쫓아다니느라 지칠 대로 지친 쇠파리를 보자 가여운 마음이 들었습니다. 이오의 눈에 눈물이 고였습니다.

'나를 괴롭힌 쇠파리지만 오랫동안 너와 있어서 외롭지 않았어. 너도 많이 힘들었지?'

이오는 쇠파리가 가여웠습니다. 그래서 옆에 핀 꽃잎 위에 쇠파리를 편안히 올려놓았습니다. 하늘에서 이 모습을 지켜보던 제우스는 감동했습니다. 이오는 사랑과 용서의 마음을 가지고 있었던 것입니다. 제우스는 이오를 더욱 사랑하게 되었습니다.

이오는 걷고 또 걸어 마침내 이집트까지 가게 되었습니다. 그런데 이오가 길을 지나가자 이집트 사람들이 이오의 발 앞에 엎드려 절을 하기 시작했습니다.

"오! 우리의 신이 나타나셨도다."

사람들은 흰 암소가 나타나자 신이 나타났다고 좋아했습니다.

그들은 이오를 신전으로 데리고 가서 여신으로 모셨습니다. 이제 이오는 매일 좋은 음식을 먹고 즐겁게 지낼 수 있었습니다. 하지만 이오는 여전히 암소의 모습이었습니다. 이오는 결코 포기하지 않았습니다. 반드시 언젠가는 예전 모습으로 돌아갈 거라고 굳게 믿으며 살았습니다.

한편 제우스는 헤라 눈치를 살피며 조심스럽게 말을 꺼냈습니다. 자기 때문에 이오를 더 슬프게 만들어서는 안 된다고 생각해서 용기를 냈습니다.

"헤라, 당신을 속인 건 정말 미안하오. 깊이 뉘우치고 있소. 사실 그 흰 암소는 이오라는 여인이오. 그러니 부디 내 부탁을 들어주오."

헤라가 제우스를 보며 말했습니다.

"아, 이제야 바른 대로 말하는군요. 그럼 당신의 부탁을 들어 줄 테니 당신도 다시는 이오를 만나지 않겠다고 약속해 줘요."

제우스는 이제 이오를 위해서라면 못 할 것이 없었습니다.

"물론이오. 마지막으로 이오의 모습만 돌려놓고 돌아오겠소. 그 뒤로는 다시는 만나지 않을 것이오."

"좋아요. 나도 약속을 지킬 테니 제우스 당신도 꼭 약속을 지켜요."

헤라는 드디어 허락을 했습니다.

제우스는 구름을 타고 당장 이오에게 날아갔습니다.

"이오! 얼마나 고생이 많았소. 정말 미안하오."

'제우스 님, 제우스 님, 왜 이제야 오셨어요!'

이오는 열심히 음매 음매 울어 댔습니다.

제우스가 손을 들자 이오는 갑자기 몸이 뜨거워지는 것을 느꼈습니다.

그러더니 몸에 난 까칠까칠한 털이 사라지고 피부가 부드러워졌습니다. 딱딱한 뿔이 쑥 들어가고 긴 머리카락이 나기 시작했습니다.

“어머나! 제우스 님이 내 소원을 들어주셨어.”

*뭉툭하고 무거운 몸이 가늘고 아름다운 이오의 몸으로 바뀌었습니다. 얼굴도 원래의 예쁜 얼굴로 돌아왔습니다. 음매 음매 하던 목소리도 아름다운 목소리로 바뀌었습니다.

“아아! 드디어 내 몸을 찾았어!”

*뭉툭하다 굵은 사물의 끝이 아주 짧고 무디다.

"그럼 이오. 난 이만 가겠소. 그동안 정말 미안했소."

말을 마친 제우스는 환한 빛을 내며 사라지기 시작했습니다.

이오가 작별 인사를 할 겨를도 없이 제우스는 올림포스로 돌아갔습니다. 이오의 눈에 눈물이 고였습니다.

이오는 누구도 미워하지 않고 다 용서했습니다. 헤라도 미워하지 않았습니다. 그리고 제우스도 믿었습니다.

'제우스 님이 내 모습을 꼭 다시 돌려놓으실 거야!'

이오는 오랫동안 고통을 겪으면서도 이 믿음을 끝까지 잃지 않았던 것입니다.

4
여왕이 된 이오

강인한 이오는 당당하고 아름다운 여왕으로

지금까지 기억된답니다.

제우스가 돌아가고 난 뒤 이오는 몸을 돌렸습니다. 그랬더니 수많은 사람들이 이오를 지켜보고 있었습니다.

이집트 사람들은 암소가 사람으로 바뀌는 모습에 깜짝 놀랐던 것입니다.

"세상에나! 소가 인간이 되었어!"

"그게 아니지! 분명 나일 강의 여신이 나타나신 거야."

사람들은 이오를 이집트의 여왕이자 여신으로 모셨습니다.

얼마 후 이오의 소문을 들은 가족들이 이오를 찾아왔습니다. 이오는 가족들과 얼싸안고 기쁨을 나눴습니다.

이시스 여신

〈어린 호루스에게 젖을 먹이는 이시스 여신〉 작가 미상

이집트로 간 이오는 이시스 여신이 되었어요. 머리에는 소의 뿔 사이에 태양 원판이 놓인 관을 쓰고 있지요. 좋은 아내와 어머니를 상징하는 이시스 여신은 어려운 사람들을 돌보는 보호의 여신이랍니다. 이시스 신전은 이시스 여신을 모신 신전이에요. '나일 강의 진주'로 불릴 만큼 멋지고 아름답지요.

"누나, 정말 다행이야! 고생 많았어."

이오는 웃으며 말했습니다.

"응. 하지만 그렇게 고생한 덕에 나는 이제 아무것도 두렵지 않아. 모두 다 이겨낼 수 있어!"

이오는 전보다 더 꿋꿋한 여인이 되어 있었습니다. 그리고 이집트 사람들의 존경을 받는 훌륭한 여왕으로 살아갔습니다.

그 뒤 제우스는 이오를 잊지 못해 헤라와 한 약속을 어기고 다시 한 번 이집트를 찾아왔습니다.

제우스와 이오는 아들을 낳고 '에파포스'라는 이름을 지었습니다.

'어루만져진 자' 에파포스

제우스와 이오는 이집트에서 만나 아들을 낳아요. 그 아들이 바로 에파포스예요. '어루만져진 자'라는 뜻이지요. 제우스가 오른손으로 이오의 머리를 만지고 왼손으로 배를 만져서 태어났다고 해요. 에파포스는 헤라에게 납치당하기도 하며 고생을 하지만, 나중에 이집트의 왕이 되어 멤피스 도시를 만들고 아피스 신으로 받들어졌답니다.

하지만 이오는 더 이상 제우스를 오지 못 하게 했습니다. 헤라의 미움을 사고 싶지 않았기 때문입니다.

이오는 이따금 고개를 들어 하늘을 바라보았습니다.

"제우스 님. 저는 잘 살고 있답니다."

그 뒤 이오는 이집트의 왕 텔레고노스와 결혼해서 이집트 사람들을 사랑으로 보살폈습니다. 물론 제우스는 멀리서 이오와 에파포스를 끝까지 지켜보았습니다.

강인한 이오는 당당하고 아름다운 여왕으로 지금까지 기억된답니다.

이오의 사랑

이오 이야기를 보면 제우스의 사랑을 받는 일이 마냥 좋은 일은 아니란 걸 느끼게 돼요. 이오는 제우스의 사랑을 받은 죄로 암소로 변해 괴물 아르고스에게 괴롭힘을 당하고, 쇠파리에게 쏘이는 고통을 당해요. 나중에 행복을 찾긴 했지만 신을 사랑한 죄로 큰 대가를 치렀지요. 항상 좋은 일과 나쁜 일은 친구처럼 함께해요. 이오의 이야기를 통해 우리는 이런 교훈을 얻어요. 좋은 일이 있다고 마냥 즐거워할 일도 아니고, 나쁜 일이 있다고 크게 슬퍼할 일도 아니라고요.

신화 뒷이야기

OLYMPUS GUARDIAN

이오는 모습뿐만 아니라 마음까지 아름다웠던 여인이에요. 하지만 세상은 착한 이오를 그냥 두지 않아요. 제우스의 사랑을 받는 일은 기분 좋은 일이었지만 그에 따른 대가가 무척 컸어요. 제우스의 아내 헤라의 미움을 사게 되었으니까요.

이오는 암소로 변해 아르고스에게 잡혀 있기도 하고, 바다를 혼자서 헤엄쳐 건너야 했어요. 하지만 이오의 시련은 여기서 그치지 않아요. 몇 년 동안 쇠파리에게 온몸을 쏘이는 벌을 받고, 나중에는 아들도 빼앗길 뻔하지요.

여러분이 이오였다면 어떤 기분이 들었을까요? 아마 제우스와 헤라를 원망하며 나쁜 말을 했을지도 몰라요. 희망을 잃고 울면서 시간을 보냈을지도 모르고요. 하지만 이오는 어땠나요? 자신에게 닥친 현실을 인정했지만 결코 *좌절하지는 않았어요. 그리고 끈기 있게 때를 기다렸지요. 제우스가 자기를 버리지 않으리라는 믿음도 굳게 간직했고요. 결국 이오는 잃었던 모습도 되찾고 이집트의 여왕,

*좌절하다 마음이나 기운이 꺾이다.

여신이 되어 다른 사람의 떠받듦을 받게 되지요. 스스로 행복을 찾은 거예요.

이오는 독립적이며 머릿속 생각을 행동으로 옮기는 여자예요. 홀로 바다를 건널 정도로 자신의 삶을 이끌어 나가려는 의지가 강한 여자였지요. 또 헤라 여신의 분노를 가라앉히기 위해 사랑하는 제우스와도 용기 있게 헤어져요.

이오의 따뜻하면서도 꿋꿋한 삶을 보면 '고생 끝에 낙이 온다.'라는 말이 떠올라요. 이 말의 뜻은 너무 초조하게 생각하지 말고 힘든 일이 있어도 이오처럼 견디다 보면 반드시 좋은 일이 생긴다는 거예요. 하지만 아무것도 하지 않고 견디라는 뜻이 아니에요. 포기하지 말고 계속 방법을 생각하면서 도전하라는 희망의 말이랍니다. 인내와 희망의 여인 이오를 보면서 남의 탓을 하지 않고 스스로 만들어 가는 삶에 대해 생각해 보세요.

올림포스 신들의 계보

크로노스 + 레아
하데스
지하 세계의 왕
포세이돈
바다의 신
제우스
신들의 왕
헤라
신들의 여왕,
제우스의 아내
헤스티아
난로·불의 여신
데메테르
대지의 여신
아테나
지혜 · 전쟁의 여신
제우스 + 메티스
아폴론
의술 · 음악의 신
제우스 + 레토
아르테미스
사냥 · 순결의 여신
아스클레피오스
의술의 신
아레스
전쟁의 신
제우스 + 헤라
헤파이스토스
대장간의 신
제우스 + 디오네
아프로디테
헤파이스토스의 아내,
미의 여신
에로스
사랑의 신
헤르메스
신들의 전령,
상업의 신
제우스 + 마이아
디오니소스
술의 신
제우스 + 세멜레
페르세포네
하데스의 아내
지하 세계의 여왕
제우스 + 데메테르

⚜ 그리스 로마 신화 주요 인물의 이름 ⚜

그리스 어	로마 어	영어
가이아	텔루스	
니케	빅토리아	나이키, 빅토리
데메테르	케레스	세레스
디오니소스	바쿠스	바커스
레아	키벨레	시벨레
아레스	마르스	마스
아르테미스	디아나	다이애나
아테나	아테네, 미네르바	
아폴론	아폴로	아폴로
아프로디테	베누스	비너스
에로스	쿠피드, 아모르	큐피드
오디세우스	울릭세스	율리시스
우라노스	카일루스	유러너스
제우스	유피테르	주피터
크로노스	사투르누스	새턴
페르세포네	프로세르피나	
포세이돈	넵투누스	넵튠
하데스	플루톤	플루토
헤라	유노	주노
헤라클레스	헤르쿨레스	허큘리스
헤르메스	메르쿠리우스	머큐리
헤스티아	베스타	
헤파이스토스	불카누스	벌컨

그리스 로마 신화 올림포스 가디언 26

이집트의 여왕이 된 이오

펴낸이 양원석
펴낸곳 (주)알에이치코리아
등록 2004년 1월 15일 제2-3726호
주소 서울특별시 금천구 가산디지털2로 53, 20층 (한라시그마밸리)
문의전화 02)6443-8800

ISBN 978-89-255-4422-9(74800)
ISBN 978-89-255-4354-3(세트)

값 **12,800원**

원작 만화로 보는 그리스 로마 신화(가나출판사)
이광진 엮음, 홍은영 그림
명화 구입처 유로크레온(주)